한송이 꽃으로 부터

황예순 시집

한송이 꽃으로 부터

황예순 시집

세종출판사

책 머리글

봄을 따라서 꽃이 나서고 있다
아득하게 들리던 봄소식이 꽃망울을 안고
매화나무에 봉긋봉긋한 웃음꽃이 걸린 것을 보면
내 마음이 들킨 듯 하여 괜스레 부끄럽기도 하다

올 봄은 예사로은 봄이 아니다
가슴에 있던 생각들을 하나씩 꺼내어 내 방식대로
줄을 세우고 만든 글이 책을 꾸미고 나왔다
살아오면서 있었던 진솔한 노래가 누군가의 가슴에라도
울림이 있기를 바라는 것은 나의 욕심일까.

그대에게 만은 아직도 향기를 품고 살고픈 마음으로
『한 송이 꽃으로 부터』를 바치고자 한다

시간이 그때보다 풍요로워서 부모님이 더욱 그리운 것일까,
이제는 닮은 꽃이 되어가는 시어머님께 감사드린다
사랑하는 아들 세훈, 세준, 효림, 예쁜 에리카와 가족들,

우리 가족의 곁에서 든든한 바람막이가 되어 주시는 김선오 회장님, 유명진 사장님께 감사드리며 저를 지켜봐 주신 분들과 이 시간을 함께 나누고자 한다.

이 자리 오기까지 아낌없는 사랑으로 격려해 주신 부산문인협회 정영자 회장님께 깊은 감사의 마음을 전한다. 그리고 아름다운 시 세계를 일러 주신 박미정 교수님께도 진심으로 감사드린다.

2012년 봄에

차례

제1부
바람꽃

바람꽃 —— 12
부재중 맞지요 —— 14
겨울 산에게 —— 16
토마토 —— 17
망부석 —— 18
건반의 발레리나 —— 19
대문바위의 전설 —— 20
태종대 자갈밭 —— 22
봉숭아 —— 23
압록강은 흐른다 1 —— 24
압록강은 흐른다 2 —— 26
주름 목걸이 —— 27
노을 —— 28
詩집살이 —— 29
뻔뻔해진 미각 —— 30
갈대 —— 31
통영 병풍바위 —— 32
도시의 거리 —— 33

제2부

둥지, 그 어느 날

둥지, 그 어느 날 —— 36

불꽃축제 —— 38

밥 때 —— 40

고드름 —— 42

엽서 한 장 —— 43

거울 하나 —— 44

꿈 —— 45

가위놀이 —— 46

인형의 집에서 —— 48

늦가을 —— 49

이때쯤이면 —— 50

밥상 일기 —— 51

나의 시간은 —— 52

휴대폰 —— 53

재래시장 —— 54

무게 —— 55

당신의 백년 —— 56

추억의 강 —— 58

제3부

한 송이 꽃으로 부터

생일날 —— 60
당신 —— 61
약속 —— 62
목련화 —— 63
검정고무신 —— 64
나를 찾아서 —— 66
달팽이 뿔 —— 67
얼레야 —— 68
신발의 인기척 —— 69
목단꽃 —— 70
어머니 —— 71
영전에 —— 72
호접란을 보며 —— 73
다듬이 소리 —— 74
안개 —— 75
돋보기 —— 76
보리밭 —— 77
유채꽃 속에서 —— 78
갈대꽃 —— 80

제4부

먼 당에 버리라고 해도

먼 당에 버리라고 해도 —— 82
삼십육도 칠 부 —— 84
내 마음의 빈곤에 —— 86
바느질 —— 88
동창회 가는 길 —— 89
시냇물 —— 90
사리탑 앞에서 —— 92
절간에 간다 —— 93
은가락지 —— 94
詩 샘 —— 95
풍경 —— 96
코스모스 —— 97
불기둥 —— 98
디 앤 에이 —— 99
강 뜰에서 —— 100

제5부

세월이 흐를수록

해넘이 —— 102
유년의 포토 —— 104
우체부 —— 105
천사의 언덕 —— 106
낙엽처럼 —— 107
시간 놀이 —— 108
화해 —— 109
은행나무 —— 110
무법자 —— 111
자화상 —— 112
부메랑 —— 113
가을이 좋은 것은 —— 114
아들 1 —— 115
에리카와 첫 만남 —— 116
아들 2 —— 118

| 해설 | 동심의 생활 시와 잔잔한 성찰 | **정영자** —— 119

제1부

바람꽃

바람꽃

지천에
고개 내밀던
바람꽃
민들레야

오늘 어쩌려고
산등성을 메고
외롭게 피었구나

여기 어디라고 찾아서 왔느냐?
어디에서 누구에게
물어서 왔느냐?

언덕 길 내려가자
나를 따라 내려가자
나비처럼 훨훨
홀씨 떠 날리면서

가자
가자
저 발아래
사람들이 사는 세상으로

부재중 맞지요

고무신은
언제나
터지고 삭아있었다

마루 밑 깊숙이 숨겼다가
혼이 나기도 한
그, 고무신
어릴 적에는
부끄러웠다

그때
나는
왜 일곱 살 밖에 안 되었을까

돌아오질 않을
시간인줄 알면서도
용서받고 싶은

아버지
아직도
부재중 맞지요?

겨울 산에게

오한에 든
능선에
앙칼진 바람만
안고 섰는

꽁꽁 얼어
숨죽이던 눈 깨어
속앓이 터는
겨울 산이여 !

이제는
잎새의 망울을 틔워라

자기의 몸짓으로
열을 다 풀라

토마토

속,
겉도 없이
붉기만 하여

간절한
그리움을 삭인다고
해서, 누가 알아줄까

죽도록 사랑하여도
속,
겉도
붉기만 한 것을

누가
그리움이 넘쳤다고
애닳고나 해줄까

망부석

금빛 옷 다 잃고
은빛마저 하얗게

온 몸 다 바친
네 헌신은

눈 벙어리
귀 벙어리
입 벙어리

이리 툭
저리 툭
가볍게만 쳤겠는가

지난 시간 비추듯이
쪼글 쭈글 하여도

세월이 지킨 양은냄비
망부석이 되었네

건반의 발레리나

– 피아노 독주회에서

하얀 뜰 위로
사뿐히 내려앉아
춤추는 손가락에
내 마음 전부를 빼앗겼네

건반을 타고 흐르는
음률을
선율을

무아지경에서
보이는 건
오직
하나

그녀의
춤이었네
피아니스트의 손가락

대문바위의 전설

– 전북 무주

나이를 세지 않는
해송 한 그루
머리에 이고

반쯤 앉은 채로
반쯤 선 채로

천 년을 하루같이
떠나지 못하며
해탈로 가는 길에서

전설에 가두어져
화석이 되었네

기암의 주름아래
속세를 뜨지 못한 이야기
애환인들 없었을까

귀를 열고
시간에 젖는
등곶길 대문바위

태종대 자갈밭

파도마저도
떠나지 못하고
다시 돌아오는
태종대 자갈밭은

바다 인심으로
언제나
넉넉히 젖어있다

사람아
메마른 걱정 샅샅이 쓸어와
이곳에서
펑펑 쏟아 붓고

자갈밭을
맨발로 만나보자
왜
파도가 떠나지 못 하는가

봉숭아

봉숭아 꽃씨
껍질을 터트리면
어릴적 이야기
쏟아져 나온다

손톱마다 물들인
꽃물이야기도
두손을 활짝 펴며
뒤질세라 다툰다

여름은
봉숭아 꽃으로 물들여진
목소리를 모우고
사뿐이 지나간다

압록강은 흐른다 1

갈수도
올 수도 없는
절반의 거리에서

한 자락은 단동에
한 자락은 우리나라의 저편에서
절룩이며 서 있는
압록강 다리

꼭 다문 입 언제나 열려나
되묻고
되묻고

하여도
하여도

강물은
들은 척도 아니하고
유유히 흐르기만

‘대답하라’ 하는
내 마음 속에는
깊은 갈증만 흐르네

압록강은 흐른다 2

거친 물살에
통곡도 짓누르고
흐르는 강물

상판 세 개가 날아간
끊어진 다리
어찌 할까

어이해
선하나 그어놓고
형제의 연을 막는가

얼음보다 차디찬
말문 트일
그 언제인가

강바람도 시리운
압록강에서

주름 목걸이

목 줄기 폭포 삼아
줄줄이 따라내려
축축 늘어지는
주름 목걸이

언제 생겨서
언제 태어났는지
하나 둘 셋....

세월이 내게 준
뜨거운 사랑의 징표인줄
당신은 아시는가
주름목걸이의 사연을

노을

부끄러움이 많으면
얼마나 많길래
볼 적마다
낯빛이
저렇게도 붉을까

詩집살이

태양이 열렬히 사랑하던
어느 해 여름,

詩의 공간에
시집을 갔었네

시의 보따리에
수를 놓고

시간을 풀고
사는 삶,

그리움의 시집살이에
오늘도

밤을 지세우네
시를 붙들고

뻔뻔해진 미각

아침 밥상에
올라온
사골 한 사발

서방님의
문안보다
더 반갑네

세월의 탓이라고
하기에는
뻔뻔해진 미각은

구수한 맛으로
욱신거리는 뼈마디에
혀 안이 벙벙하다

갈대

개구쟁이 짓 바람에도
스스스
웃기만 하는

종일 부르는
강물의 노래에도
스스스
웃기만 하는

내
옷깃을 스쳐도
스스스
웃기만 할까?

통영 병풍바위

뱃길 따라
가다 보면
한 폭 병풍
펼치는 바위

밀물
썰물의
어긋난 조우에
서식하는 바다 이야기

산을 오를수록
떠오르는 바다
한려수도 풍경 앞에서
바라보고 서서
병풍바위의 이야기는
뱃길처럼 끝이 없네

도시의 거리

작은 키를
출렁 거린다

보도 블룩은
꾹꾹 지문을 찍고

따각따각
리듬을 치는 뾰족구두

언덕을
넘는다

파도, 일렁이는
도시의 거리

제2부

둥지, 그 어느 날

둥지, 그 어느 날

물속에 잠기는
계곡에는
수정 알 같은
바람이 불고 있었네

단풍의
화려한 언저리에서
얼핏 설핏 비추었던
겨울의 둥지를 보며

가라앉는다는 것을
사라진다는 것은
생명력을 다시
재생시키는 것인 것을

살갗에 닿는
스산한 바람에만
깃 세우던
어느 날

둥지를 만들던
겨울의 초입에서
공허를 달래었네

불꽃축제

잔잔히 피어오르는
아리아의 서막

운명처럼 나타난
베토벤의 격정이 솟아
내 마음 전부를 몰아간다

썰물처럼
밀물처럼
지구의 율동은
전율, 그 전부란 말인가

여운은
수평선 끝에서 되돌아오는
축제의 메아리로 다시 피고

광안리 바다는
희기도 흰
건반이 되어

소녀의 기도인 것처럼
묵상에 들게 하는
불꽃의 잔 여울이여

밥 때

밥을 주면 몰려드는
물고기 떼처럼

굴뚝에 연기나면
밥 때를 눈치 채고
쪼르르 달려와

동그란 밥상 앞에
도란도란 모여 앉아
보리밥에 된장 비비면

양은 냄비가
구멍이 나도록
빡빡 긁어대던
쟁탈전

어항 속에 물고기 떼처럼
먹고 돌아서면
또다시 기다려지던 때

바글거리는
물고기의 밥 떼 같던
그 시절

가난도
한 때였던가 싶어
그립네

고드름

처마 끝자락
아슬아슬한
은빛눈물

동트면
와르르
무너져 내릴

차라리
물결이나 되었으면
파도나 같았으면

피었다
지고 마는
하루살이 生

서러움의 결정체에서
빛나던
순수의 비밀은 무엇일까

엽서 한 장

내가 너를
네가 나를

엽서 한 장으로
징검다리를 놓았었네

밤을 지새우고도
알지 못했던

손 바닥만한 크기에
숨어있던 이야기

실개울처럼 흘러간
시간의 여울에

노오랗게 바랜
엽서 한 장

거울 하나

우물가에
숨겨놓은
거울 하나
있었네

두레박을
내리면
욕망
한 조각

두레박을
올리면
허무
한조각

채우기와 버리기를
반복하면서도
세월의 굴레처럼 따라 온
거울 하나

꿈

긴 밤
잠시 머물다
가신 당신

깨고 싶지 않은
꿈
입니다

아직
나의 잠 밖으로
가시지 않으셨다면

다시
돌아와
흔적이라도 주시면

가위놀이

자르면
자를수록
들쑥날쑥

또 자르고

싹둑싹둑
댕강거리는
앞머리

또 자르고

가위놀이에
요란하던
금속소리

울음보를
또 자르고

거울 앞에서
들키고서
펑펑 울었네

인형의 집에서

액자 속에서
날개쭉지 퍼덕이는
새 한 마리

무슨 말 전하고 싶어
저토록
애닯게 그려졌을까

이왕이면 숲 속에서
즐겁게 노래 부르는
예쁜 새가 되지

인형의 집에서
훨훨 날아 나오는
노라처럼 되지

늦가을

산 중턱은
쌓인 안개로
억새도 떠나지 못 하네

산다는 것은 삶의 지문을 짓고
언덕을 넘는 것일까

휘휘
팔을 내저어도
걷히지 않는 안개

가을은
홀로 떠나려 하네
그렇게

이때쯤이면

날마다
당신이 보고 싶으면
어떻게 살겠습니까?

그래도 왠 종일
당신만 그리워하지 않는
내가 원망스럽습니다

가시는 길에 돌아보시고
또 돌아 보셨던
여식들은

이때쯤이면 더욱
당신이 그립습니다
하얀 카네이션 슬픔이
배이도록

밥상 일기

도마 위에서
시작하는 율동

오늘은
무슨 춤을 출까

고전을 출까
탱고를 출까
디스코를 출까

그래, 고전으로
무대를 준비하자

구수한 된장국으로
땡초를 두드리며

후후 맛있게 부는
청명한 아침

나의 시간은

어디로 가는 것일까

어디쯤 가야
그 끝이 보이는 것일까

쳇바퀴처럼
도는
시간의 가식에

허위를 떨어뜨리고
정지된
나의시계

어디쯤에서
비상을 할까

나의 시간은

휴대폰

뚜껑 열기를 시작하면서
하루가 시작되는
휴대폰

뚜껑 열기가 무섭다

정계로 나가려나
줄줄이 날아 들어오는 메시지 상납

문전박대해도
안면 몰수하고
들어오는

벌서게
할
관리인 좀 없을까

재래시장

뺑뺑 도는
지구여행 끝내고
뺑
뺑
뺑

화들짝
놀란 가슴
뻥
뻥
튀기

골목시장
명물
뻥
뻥
뻥

튀는
재래시장

무게

밤이 다 가도
내려오지 않는
눈꺼풀

마실을
멀리 갔나 싶어
훑어보기도 하네

천연덕스럽게
멀뚱멀뚱하게 잡히는
뜬 눈

커피의 마력에
눈꺼풀이
쏘-옥 빠졌을 줄이야

당신의 백년

– 아프리카 케이프타운

이별 이었지만
헤어짐은 아니었네

아주버님의 목걸이에
국화꽃처럼 환한
형님의 사진이 반짝 인다

웨딩마치는
붉은 카펫을 밟으며
황혼의 열매를 맺으려 떠나는

백년의 시간은 떠나갔고
또 다시 찾아온
당신의 백년

이 세상
다 하도록
함께 쓰기를 바다는

헤어짐은, 꼭
이별만은 아니었네

추억의 강

지느러미 부지런히

미는

물고기 되어

유년의 강으로

오르고

있는

제3부

한 송이 꽃으로 부터

생일날

"천 세 송이 장미꽃은
당신이 있어
천사가 되었네"

"하늘나라 어느 별에서
내 곁으로 왔을까"

향기로운 꽃으로
단
하루만이라도

천사를 만나고 싶었던
당신 앞에서
불후의 명곡처럼 부른

"장미 한 송이
얼마 이던가요?"

당신

저만치 가고 있는
당신 놓칠세라
따라가며 사는 세월
삼십여 해 되었네

때로는 엉킨 실타래
풀리는 시간 기다리며
날을 세웠던 시간들도
당신을 따라가네

참으면 되는 것을
하면서도,
인내하지 못했던 내 그림자도
따라가네

이제는
눈을 감고도
따라 갈수 있는
당신 그림자
그림자처럼 따라가려네

약속

내 안에 만든
강줄기 하나
찾아 가는 길

말하지 않아도
바다처럼
기다림을 주는

당신의 심연
어디쯤일까

목련화

인고의 향을
피웁니다

하얀 등불 켜고

언 자락
사르르

녹이고

하나, 둘
파아란 소망

등불 켜니

먼저 왔다
떠나는

하얀 꽃이여

검정고무신

앞 코가 널널한
검정고무신
동생에게서 언니에게로
릴레이 하였네

헐레벌떡 뛰어 다니다가
아침 일찍 일어난
내 발과 랑데뷰 하면
신났던 등굣길

언니 발에도
동생 발에도
어정쩡한 크기는
먼저 신으면 언제나
주인의 칫수

닮기도 잘 닮아
비라도 내릴 때면
장마처럼 물난리를 겪던
내 발은 퉁퉁 불어

행여나 벗어져서 떠나려 갈까 봐
인장처럼 섬겼던
검정 고무신

나를 찾아서

거울에 비추어도
찾을 수 없는 너

길이 보이지 않을 때
이정표가 되어 주었지

철이 덜든 소리에
때로는 꾸짖어 주고

쓸데없는 증오를
잊기도 하였지

거울에 비추어도
찾을 수 없던 너

깊은 속마음이
네 자리 일 줄이야

달팽이 뿔

고추랑 가지랑
세상이야기 하는
베란다 텃밭에 고놈

앗,
저
키스는

밥상에 오를 날만
이제나 저제나
눈도장 찍은 나의 순정을

와르르 와르르
무너지게 해 놓고
감쪽같이 숨기는 뿔

얼레야

얼레야
실을 감아라
뜰 채비를 하자

얼레야
풀어라 연을
높이 멀리 날도록

창공이면 어떠랴
바다건너
미지의 곳이면 어떠랴

얼레야
얼른 풀어서
연을 날려라

신발의 인기척

아버지의 신발은
주춧돌 위에서
내려간 적이 없었습니다

외출 중이라도
외출 중이 아닌
신발이
가족의 지킴이로

이제는
남편이 출장을 갈적에도
따라가지 않은 신발이
지킴이가 되었습니다

인기척이 필요한
세상은 아니겠지만
인기척을 두려워하는 건

친정, 내림입니다

목단꽃

나의 어머님
당신이십니까

꽃처럼
붉게

건강하시기를
바라는
내
마음의 꽃이기에

당신을 사랑합니다
어머님

어머니

별이 총총한
밤이면
그리운 얼굴
당신입니다

세월은
시간을 버리고
잘도
흘러가건만

삭아지지 않는
보고 싶은
마음
무슨 까닭입니까

별이 총총한
밤이면
당신이 보이실까
내내 봅니다

영전에

먼 길
떠나신 당신이
그리운 새벽 입니다

문풍지마저도
깰까
숨소리도 죽이시고

간절한 마음 비치시던
부모님

세월의 언저리에서
이제야 떠올리는

철없는 여식입니다

호접란을 보며

꽃구경 나온
나비 따라
뜰에 앉았네

날개 짓 하며
피는
나비야

네 이야기를
여기에 풀어 놓아라

다듬이 소리

정오의 해가
해거름으로 달려 갈 때 쯤
대문을 들어서면
어머니의 노래가 들렸습니다

다다다
다다다
쿵닥 쿵닥

다다다
다다다
쿵닥 쿵닥

콧노래처럼
저절로
따라 불렀습니다

어릴적엔
당신의 노래가
나의 노래였습니다

안개

앙상한 가지
작은 바람에도

뾰얀
눈물을 걸어두는

가지이던가
슬픔이던가

돋보기

빛을 찾아 떠났던
시간 여행 속에서
헤맸던

어정쩡한 글씨는
커졌다, 작아졌다
흐릿한 날도 많았는데

살포시
내 콧등위에 걸린
돋보기

저만치 있던 세상
꿰뚫어 보는
유리알 두 개

보리밭

앓던
생치기
다 꺼내놓고

이랑을 베고
누운
보리밭

다 비운 것이
다 채운 것인가
푸른 생기에 봄이 뜨는

보리밭
이랑에서
생채기를 보며

생명력을 내 것으로
마음의
이랑을 뜨는

유채꽃 속에서

노오란 꽃밭에서
흔들리지 않는
벌과 나비

사랑의 나래를 펴내

살아온 날들보다
살아 갈 날들을
속삭이나 봐

꽃물 들이며

찰칵찰칵
렌즈 속에 담는
맨 얼굴의 사람들

유채꽃 속에서

소박하게 참으로
아름답게 웃는
꽃과 나비들이네

갈대꽃

회백색 능선 속으로
멀어져 가는
가을을 보네

허공을 유영하는
이루고 싶었던 것들의
선연한 발자국들

화려한 색을 벗고
아름다운 풍경을 얻었다
빠져 가네

가을창은
얼기설기 기대선
추억으로 여울지네

제4부

먼 당에 버리라고 해도

먼 당에 버리라고 해도

좁은 골목길
막 다른 집에
양철대문

비 오고
바람 불면
양철소리 더 높아서

오는 사람
가는 사람
두 귀 막았네

동네 사람들이 입을 모아
주인 안 닮았으니
먼 당에 버리라고 해도

낡아서 헐렁대면
다시 손보아
제대로 철들어 가던 양철대문

내 이름자 앞에 붙은
姓처럼
양철 대문 집 딸이었네

삼십육도 칠 부

음이온 팔찌는
제
온도를 가늠하는 걸까?

내 팔목을 뿌리 삼아
맥 찾아 헤멘다

고온도
저온도
아닌 삼십육도 칠 부

용광로에서
기억으로
미로를 헤메이는 것은 아닌지

체온계의 붉은 기둥이
정상 바늘에서
요지부동을 안 하고 있는 걸 보면

내
팔목은
타자를 싫어한다?

내 마음의 빈곤에

역 앞에서
전단지를 손에 집히려던
그녀의 표정이
떠 오른다

직업에는 귀천이 없다고
자식한테 일렀던 마음은
속뜻없는 것이 아니었다고
부정, 부정하면서도

내 마음의 빈곤에
알 수 없는
통증이 깊어지며
각인되어가는 표정은

매정하게
뿌리치지나 않았으면
되었을 것을 …
어설펐던 나의 행동에

두 손은
서로 만지작거리며
네 탓을 하면서도
가슴이 절절히 시려오는

바느질

바람이 잠들지 못한
밤이면
그리운 것을 찾아
무전여행을 떠난다

씨줄
날줄
면면이
한 땀 한 땀 깁으니

까맣게 멀었던
길
언제 다
지나가 버렸는지

벽창호를 물 들리며
여명은
붉게
하루를 만들고 있었네

동창회 가는 길

낮은 언덕을 넘으면
그리움이 머무는 풍경 속으로
들어가는 길이 있다

손때가 끼었어도 예뻤던
초등학교 동창생을
만나러 가는 보삳길

돌아보면
아득한 시간들은
추억의 훌라후프를 돌리며

웃음으로
군살을 뺀
동창생들이 가뿐히 온다

시냇물

떠나지 못하는
겨울
끝자락은

길목
모롱이에
내려와

햇살이 푸는
바람에
실려 가려나

윙윙
봄 오는 소리에

다시
풀리기 시작하는
실타래

언 강을 깨고
바다로 흐르는
시냇물

사리탑 앞에서

세월의 바람은
옛 석공의 손길마저도
휘이 저었는가

십이월 동짓날
콧날에 바람이 부서지는

당신의 눈길을 마주치려는
아직
어리석은 중생은

합장에 이르러
드리운 백팔번뇌를
지우고자 합니다

절간에 간다

아침이면
접히지 않는 우산처럼
뻣뻣한 손가락

스프링처럼 유연하던
시절
엊그제 인데

허리 한번 굽히기를
양반보다
어려워 하네

겸손을, 합장으로
배우는
절간에 간다

은가락지

끼지 않으면
허전한
네 번째 손가락의
은빛

그다지
화려 하지 않은 보석
인데,
나의 분신으로

당신과
나를
이어주는 징표가 되어

천천히 흐르는
백년지기의
은하수

詩 샘

지인으로부터 받은
詩집 한 권

그녀처럼 소담스러운
詩어들의 출현에
밤새는 줄 모르고
빠졌네

갈피마다
터져 나오는
詩 샘

어느새
퍼내기 시작하는
나의 서정은

詩人이고 싶은
간절한 소망을
길어 올리고 있었네

풍경

늦가을 계곡에
힘겨운 바람이
분다

가을이 가는
발걸음이
그렇게 무거울까

옷을 벗어가는
나무는
숲을 지키는데

가을 사는
계곡에는
늦가을 바람만 분다

코스모스

가을이면
교정의 뜰에서
군무를 즐기는
코스모스가 한창이었네

만국기보다
더 휘황찬란한
꽃잎 색체에
동심은 아름답게 물들고

색색가지
공
데굴데굴 굴리는
운동회가 시작되면

청군도
백군도
아닌
코스모스가 더 한들 거린다

불기둥

솟구치는 화력에
찬물 한 바가지
부어보지만

사그라들지 않는
남루한 생각들
쉽게 용해되지 않는

민감한 아낙의 화풀이
평정심을 잃고
삶의 분수령처럼
꼭대기에 머무는 혈압

삶의 뜨거운 것과
차가운 것의 차이는
동전과 같은
영토라 할지라도

민감한 화의 속성은
원시의 고요를 지킬 수 없는가

디 앤 에이

신라인이 아니랄까 봐
누가 아니랄까 봐
마이크를 잡으면
줄줄이 빠져 나가는
시간의 줄행랑도 못 잡고

신라인이 아니랄까봐
누가 아니랄까봐
스크린에서
안녕을 고할 때까지
목이 마를 때까지

강 뜰에서

경상도와 전라도
사투리의 경계를
안고 흐르는
강 뜰에 섰었네

들을수록 친근한
"밥 먹으랑께"
"밥 묵으소"

'으랑께'
'으소'의
주고받는 말

박장대소하는
강물의 소리에
情이 모락모락 피는
뜰에서

제5부

세월이 흐를수록

해넘이

– 통영 달아 공원 일몰을 보며

서녘하늘 자락으로
달려가는
저 붉은
햇살은

지는 것이 아니라
시작이라는
기다림으로 간다 해도
애달픈 슬픔을 낳는다

바다 속으로
제 몸을 씻으며
분홍빛 양탄자 물결로
타고 가는 아름다운 여정이라고 하여도

떠나간 자리에서
발걸음을 돌리지 못하는
서러운 마음은
누구의 것인가

사라지는 것이 아니라
다시
재생을 꿈꾸는
욕망이라도 하여도

해넘이와 하는
이별,
서러움은
자꾸만 아래를 떨어진다

유년의 포토

빛바랜
유년은
세월이 흐를수록
윤이 난다

흑백의 음영 그
마저도
돌이켜 윤활유가 되는
추억의 원천

도시의
시간이 빠를수록
느림의 향유
그 속에서 즐긴다, 가끔은

우체부

우체부 아저씨를 보면
그땐 왜 그렇게
설레였을까

손에 든 핑크빛 봉투가
나를 찾는 것 같아서
길목까지 따라가기도 했던

큰 가방 속에
행여나
나를 찾는 편지가 있을까봐
부끄럽게 묻기도 했던

그땐
왜 그렇게
우체부 아저씨가
반가웠을까 머언 소식이
오는 것처럼

천사의 언덕

– 통영 동피랑 마을

와 _ 몬당서 채리보이 토영항
경치가 정말로 쥑이네

와 _ 언덕에서 바라보니
통영 항 경치가 참말로 그만이네

동피랑 마을 골목마다
쫙- 퍼지는 함박웃음

갈매기도 끼륵끼륵
통영항은 왁자지껄

동쪽 벼랑에서
날개 펴는 천사여

우리들이 펴는
즐거움의 날개를 보라

낙엽처럼

어느 날
무심코 던진
한 마디

떨어지는 낙엽보다
가벼웠으면
하는 바램도

담아서
돌아가는 이
말을 탓 하련만

먼지만 뽀얗게
인, 어느 날
말 한 마디

천리,
만리,
달아나 버렸으면

시간 놀이

지난 시간은
모두
달아나지 않았을 터인데

가끔씩 찾아 헤맨다

금이라고 하던
시간이
어찌 사금파리 놀이와 같을까

사색을 위해 가두어
덧칠한 시간

이젠
깊게 뿌리 내리는
나무로 키우자

화해

친구야
우리가 지냈던 시간
평행선을 달리는
기차에 어찌 비할까

만날 수 없을 것 같은
평행선도
종착역에서 시름을 놓고
있더구나

너와 나랑의
우정이
침묵이 되어
평행선을 이었으면 한다

우린
너무 사랑하기에
이해할 수 없는 걸까
아직도 평행선인걸 보면

은행나무

세월을 안고
마주선
일부 일처

동행이라고 말하기에는
거리가
멀다 싶더니

건널목의 사선이
빗금을 치고
한 걸음씩 좁혀주더니

올 가을엔
풍성한 열매로
사랑을 피우네

무법자

쓰나미처럼 밀려오는
스팸메일

"안돼
안돼"
아우성쳐도

아나로그까지
디지털까지

막을
둑
어디 없는가?

자화상

삶 속에서
용트림치는
나를 찾아서

만들어 놓은
잣대에
스스로 흔들린다

선이 무엇인지
선을 지키라고
꾸짖는

무의식 호통에
의식은 체면을 차리고
제 자리에 선다

부메랑

큐피터 사랑에
가시던 길
돌아온
당신이여

가을이 좋은 것은

하늘거리는
코스모스가 있어서
가을이 좋았네

보드라운 스카프를
오늘도 내일도
색색이 두를 수 있어서
가을이 좋다네

토실토실한
아이들의 이마가
빛나서
더 좋은 가을

살수록
이
계절이 좋아진다네

아들 1

— 세훈에게

초록이 된다 하여
네가 크던 교정에 심었던
한 그루 소나무

정겨운 풍경을 그리듯이
길의 시작이듯이
표지석처럼

한껏
휘날리던 치맛바람도
삶의 여백을 세우던 시절

훌쩍 커 버렸을
그 뜰이 그리운 것은

숲을 그리며
심은
희망이 있기 때문 이란다

에리카와 첫 만남

이천 팔 년 눈이 많이도
내리던 날
나풀나풀 거리며
우리 곁에 안기여

세상은 더 짙은
사랑으로 물들었지

아직은 말의 수위를
알지 못 하는
너 이지만
우리를 따라 걷는
해님을 바라보며
"따뜻해서 꽃이
피었나 봐요"
하고 말할 때

넘어가는 해를 보고
언제 오는지

궁금한 세상에
호기심까지

아침에 입을 옷
걱정하는 모습이
예쁜, 에리카

얼른 커서
내 마음과
네 마음
우리 알지?

아들 2

– 세준에게

빈 둥지 하나
가슴에 생겼네

아니
가슴에
새둥지 하나 생겼네

잘 살아라
잘 살아라
화촉의 기쁨을
영원히 안기를 바라며

아들아,
생명의 터전이 되어
풍성한 삶을 이어주기를 바란다
결혼에 덧붙여

| 황예순 시집 『한 송이 꽃으로 부터』 해설 |

동심의 생활 시와 잔잔한 성찰

정 영 자

문학평론가, 부산광역시 문인협회 회장, 부산국제문학제 집행위원장

정갈하게 그러면서도 유장하게 흐르는 강물은 역사와 추억을 만들었다. 혼란과 격동의 시대, 억압과 탈출의 세대들이 만들어낸 비아냥과 조롱의 시학은 어느덧 들판의 푸른 바람, 아름다운 노을에 젖어가는 풀과 땅을 노래하고 있다.

무거운 역사를 한 몸으로 살았던 시대는 문명 갈등과 가난의 연속이었지만 꽁꽁 얼어 기차 창문의 서리 같은 입김이 문양을 그릴 때에도 우리는 희망의 싹을 피우고 사랑을 키워왔다.

그리고 많은 시간들이 안개처럼 깔리고 꿈은 밤하늘의 은하수처럼 펼쳐졌다. 사람은 세월 속에서 나무로, 나목으로, 때로는 낙엽처럼 쌓여서 대지를 다독이는 한 잎의 보료역할을 하면서 지나가고 있었다.

예술의 실종이 아닌 예술문화의 중흥이 우리들을 위한 조촐한 에너지를 발산하고 있다.

이러한 시의 공간에 맑고 부드러우면서도 함축과 내공을 가진 황예순 시인이 그의 첫 시집 『한 송이 꽃으로 부터』를 상재한다. 시인의 인상도 그렇지만 시의 내용이 식물성이미지로 차분하게 담겨있다.

지극히 말을 아끼는 시인이다. 세속주의를 거부하는 자기집중의 강렬한 개성을 만난다.

오늘날 마구 씌여지는 시에서 우리는 시적 긴장을 느끼지 못하는 경우가 많다.

자기도취적 되풀이가 반복될 때 시인으로서의 자질을 의심받을 수 있게 된다. 자족적 폐쇄성의 상상적 회로를 극복할 때 더 높은 시적 개성의 지평이 열리는 것이다.

사설을 넘어 요설에 이르고 있는 시들이 난무하던 한 때는 상황이 만들어낸 변죽치기의 언어폭력이었다.

황예순 시인은 과도한 감정의 무게를 덮어버린 담담한 시행들을 묘사하고 있다. 삶에 대한 가치중립적 태도를 취하고 있음을 느끼게 한다.

직접적인 감정의 토로를 절제하고 있는 그의 시들은 단조로워 보이기도 한다. 따라서 현란한 말의 수사나 신명나는 놀이판도 벌리지 않는다. 그의 삶이 즐겁다거나 행복하다고 외치지 않는다.

담담하게 지금의 행복과 사랑을 기술함으로써 자신의 치열성을 효과 있게 드러내고 있다.

때문에 시적체험을 객관화 시키는 과정에서 요구되는 긴장을 적절히 유지하고 있다.

시적 긴장을 조절한다는 것은 감정을 객관화시킬 줄 아는 시인의 덕목이기도 하다.

긴장감 없이 토론되는 개인적 체험이란 다른 사람에게 공감을 주지 못한다.

자족과 위로의 문학에서 울림의 문학으로 나가야 하는 것이 시인의 사명이요, 시대가 요구하는 시문학의 대중화 전략이다.

이러한 의미에서 그의 시는 부산시단의 잔잔한 한 흐름으로 자리매김할 수 있을 것이다.

황예순 시인의 시는 첫째 동화 같은 동심의 세계, 둘째 가족 특히 부부애를 중심으로 한 생활시에 아들과 부모에 대한 혈연에의 진한 사랑을 노래하고 셋째는 부드러운 어조와 낮은 시어로 잔잔한 성찰을 보여주고 있다.

정현종 시인은 <시와 행동>에서 "추억이 약하고 작은 것이라면 역사는 장하고 큰 것이다. 역사가 개인들과 그들의 추억의 희생을 요구하는 것이라면 추억은 개인들과 그들의 삶을 영속화 시킨다. 역사는 늙지만 추억은 늙지 않으며 역사가 공동묘지라면 추억은 그 묘지에 피어나는 유장한 꽃이다. 역사가 죽음이라면 추억은 삶이며 역사가 결핍이라면 추억은 충족이다. 꿈꾸는 추억은 가난한 법이 없기 때문이다"라고 하였다.

시인의 추억은 삶에 대한 충족이며 동심의 세계를 펼치는 영원한 풀밭이다. 때문에 황예순 시인의 시는 동화 같은 동심의 세계에서 출발한다.

지천에
고개 내밀던
바람꽃
민들레야

오늘 어쩌려고
산등성을 메고
외롭게 피었구나

여기 어디라고 찾아서 왔느냐?
어디에서 누구에게
물어서 왔느냐?

언덕 길 내려가자
나를 따라 내려가자
나비처럼 훨훨
홀씨 떠 날리면서

가자
가자
저 발아래
사람들이 사는 세상으로

-「바람꽃」 전문

시는 세상과 사람에 대한 말 걸기다. 시인은 산등성 위의 언덕에 외롭게 피어있는 민들레에게 말 걸기를 한다.

"여기 어디라고/ 찾아서 왔느냐?/ 어디에서 누구에게/ 물어서 왔느냐?"

민들레는 세상 사람들이 많이 살고 있는 낮은 땅에서 사람들과 어울려 피면서 나비처럼 훨훨 홀씨를 날리면서 살아야 제 위치임을 말한다. 때문에 "어쩌려고/ 산등성을 메고/ 외롭게/ 피었구나"라는 연민으로 지천에 고개 내민 민들레에게 다정한 말 걸기를 통한 관심과 사랑을 표현하고 있다. 산등성이 언덕에 바람을 맞고 피어있는 민들레가 안타까워 사람마을로 내려가자는 다정한 말 걸기는 독자의 이해의 폭을 넓히고 민들레에게 동격의 인격을 부여하면서 시적화자와 민들레와의 교류를 통한 안내자의 역할을 담당하고 있다.

이와 같은 시적표현은 시인의 언어가 그의 시와 삶이 되어야 한다는 괴테의 말과같이 언어와 대상도 한치의 틈도 없어야 한다.

민들레가 바람을 맞고 산등성이에 외롭게 피어있음은 서러움의 의미이고, 함께하는 기쁨 속에서 충족을 키워가는 것이다.

민들레에게 말 걸기는 전통이나 역사에 비해 개인적이고 가족적이며 동네라는 공간을 비껴가지 않는다.

시인은 민들레가 환하던 행복한 마을을 현실적인 외롬이나 결핍을 자기 동일성 가운데에 꿈의 가치와 상상의 가치로 충족시키고 있다. 그러한 꿈과 시는 외로움을 보상하고 있다.

시에 있어서 말 걸기는 사람과 사람사이에도 가능하지만 사람과 대상, 바꾸어 말하면 시적화자가 대상인 민들레꽃에게 거는 말 걸기이며 이것은 사람과 자연을 동일시한 자연 친화요 사람과 대상이 따로 있는 것이 아닌 하나의 개체에 대한 생명의 부여인 동시에 인간이 그들과 함께 하고자 하는 염원이다.

밥을 주면 몰려드는
물고기 떼처럼

굴뚝에 연기 나면
밥 때를 눈치 채고
쪼르르 달려와

동그란 밥상 앞에
도란도란 모여 앉아
보리밥에 된장 비비면

양은 냄비가
구멍이 나도록
빡빡 긁어대던
쟁탈전

어항 속에 물고기 떼처럼
먹고 돌아서면
또다시 기다려지던 때

발글거리는
물고기의 밥 떼 같은
그 시절

가난도
한 때였던가 싶어
그립네

-「밥 때」 전문

저녁연기가 피어오르고 땅은 조금씩 밝음이 지워지고 으스름의 조용한 시간이 골목과 밭이랑에 내려오면 유년을 살았던 우리는 어김없이 집을 찾아든다. 허기지기도 하고 따뜻한 온돌과 어머니의 사랑이 담긴 밥이 더욱 식욕을 댕기게 하던 시절이었다.

추억의 이미지 속에 어머니의 밥상은 이야기가 있고 오늘의 현실적인 결핍을 가득 채워주는 꿈이 있는 곳이다. 결핍과 허기를 보상하고 충족시켜주는 「밥 때」는 유년의 순수와 사랑, 가족애가 바탕이 된 가난속의 행복이미지를 효과적으로 묘사하고 있다.

"밥을 주면 몰려드는/ 물고기 떼처럼// 굴뚝에 연기나면/ 밥 때를 눈치 채고/ 쪼르르 달려와"동그란 밥상에 둘러 앉아 양은 냄비가 구멍이 나도록 보리밥에 된장 비비던 시절의 정다운 유년의 그림 한 폭과 지금은 시원하게 떠올릴 여유를 갖는 가난한 시절의 행복한 이미지를 놓치지 않고 표현하고 있다.

가난한 시절의 행복한 풍경들을 따뜻한 시선으로 그릴 수 있는 시인의 화폭은 소중한 추억의 행복을 담고 있다.

고독하거나 처절한 가난의 백일몽 같은 넋두리가 아닌 삶 그 자체이며 인간의 마음 그대로다. 여기에 기교가 있을 수 없다. 대중가요의 사랑타령처럼 가락만 있으면 시가 된다는 가벼움이 아니고, 남은 몰라도 좋고 표현 본능에만 충실한 사회에 대한 저주, 가난에 대한 분노가 아닌 시의 진정한 노래의 정신을 구현하고 있다.

가을이면
교정의 뜰에서
군무를 즐기는
코스모스가 한창이었네

만국기보다
더 휘황찬란한
꽃잎 색체에
동심은 아름답게 물들고

색색가지
공
데굴데굴 굴리는
운동회가 시작되면

청군도
백군도
아닌
코스모스가 더 한들 거린다

-「코스모스」 전문

가을 운동장에서 펼쳐지는 운동회의 장면을 영상처럼 묘사하면서도 그날의 추억은 코스모스의 한들거림에 클로즈업 시키고 있다.

시는 말하고자 하는 내용을 직접 드러내지 않고 의도적으로 우회하여 드러내는 언어양식을 취하고 있다. 어떤 사물이나 체험을 구체적으로 환기시키기 위하여 시인은 단순명료한 해설을 준비하는 것이 아니라 오히려 또 다른 언어를 마련하여 효과적으로 드러내고 있다.

시의 표현은 정곡을 찌르는 것이 아니라 또 다른 사물을 배치함으로써 독자들의 즉각적인 이해를 지연시킨다.

가을운동회가 있을 즈음에 만국기의 화려한 색채 속에 청군 백군으로 갈려서 공을 굴리는 함성과 군중의 옆으로 코스모스가 만발하여 한들거리던 그날의 풍경을 통하여 색채와 율동과 함성을 함께 표현하고 있는 것이다. 색채미학의 화려함을 코스모스가 만발하여 한들거리던 그날의 풍경을 통하여 색채와 율동과 함성을 함께 표현하고 있는 것이다. 색체미학의 화려함을 코스모스의 이미지와 연결시키고, 쉼 없이 움직이는 운동회 날의 율동적 이미지를 바람 속에 날리는 코스모스의 모습과 대비시켜 가을 날의 코스모스를 더욱 효과적으로 표현하였다.

황예순의 시는 이런 의미에서 맑고 밝으며 동심의 순수함과 오랜 날의 추억을 생동감 있게 묘사하고 있는 것이다.

부끄러움이 많으면
얼마나 많길래
볼 적마다
낯빛이
저렇게도 붉을까

-「노을」 전문

「노을」은 참으로 쉽게 쓰여 진 시 같다. 그러나 쉬운 시라는 것은 이해되기 쉬운 시라기보다 전달되기 쉬운 시라고 해야 할 것이다. 5행의 시 속에 부끄러움이 많아 볼 적마다 낯빛이라는 인간의 태도에 비유하여 노을을 묘사하고 있다.

시의 긴장은 함축미에 있고, 대상이나 사물의 표현을 인간화시켜 가깝게 이끌고 있다. 동양적 표현을 말하면 추사 김정희는 『서결書訣』에서 글씨 쓰는 법도에 대하여 "텅 비게 하여 움직여 나가는" 모습이 있어야 된다고 하였다. 글씨 쓰는 법 조차도 여백과 여유를 가져야 한다고 했다.

시가 정치사회적인 분위기를 타면서 한때는 말이 많아 사설조가 되기도 하였다. 한편의 시에 거대역사와 치열한 저항을 조목대로 표현하기는 어려웠다. 그래도 끊임없이 시의 서사성내지 서술적인 제언과 비판은 계속되고 있다.

황예순 시인은 그러한 사설이나 거대한 담론을 아예 담지 않고 부끄러움의 시학으로서 노을을 노래한다. 논리가 아닌 감동으로 시는 씌여져야하기 때문이다.

시인은 사물의 구체적 모습을 전달하기 위하여 세세한 부분을 구체적으로 묘사하지 않는다. 생략하기도 하고 어떤 부분은 과장하거나 다르게 표현하여 더욱 효과적으로 전달하는 독특한 기법을 사용한다.

시의 이해는 작품과 수용자 사이의 교류다. 시의 수용자가 궁금증을 해소하는 독해의 방식은 저마다 다를 수 있다.

역설, 기지, 모순어법, 말놀이, 당돌한 비유나 비약이 과감하고도 능란하게 표현된다. 자동차, 습관화된 우리의 지각을 낯설게 하여 신선함을 느끼게 한다. 노을 역시도 여백을 남기며 돌려서 말하는 일종의 시치미를 떼는 행위를 통하여 부끄러움이라는 결정적인 언어를 차용하면서 순수한 서정, 담백한 정서, 그래서 더욱 단아하고 고결한 노을의 의미를 부각시키고 있다. 시의 긴장은 함축미와 함께 시치미 떼기 기법과 여백의 울림을 동시에 가지게 한 것이다.

아버지의 신발은
주춧돌 위에서
내려간 적이 없었습니다

외출 중이라도
외출 중이 아닌
신발이
가족의 지킴이로

이제는
남편이 출장을 간 후에도
따라가지 않는 신발,
지킴이가 되었습니다

인기척이 필요한
세상은 아니겠지만
인기척을 두려워하는 건

친정, 내림 입니다

-「신발의 인기척」 전문

황예순 시인의 시에는 신발과 고무신이 개성 있게 표현되고 있다. 특히 「신발의 인기척」에는 신발에 인격을 부여하고 아버지 부재중이거나 남편부재중에 아버지와 남편을 대신하는 집 지키기의 상징물로 표현되고 있다.

옛날 우리들의 어머니는 남편부재중에도 남편의 밥그릇에 밥을 퍼놓고, 댓돌에 남편의 건재를 알리는 신발을 가지런히 두었다. 남편의 부재중에도 남편에 대한 공경과 감사의 뜻을 담은 밥그릇이 건재했고, 부재중에도 가족과 집안을 지키는 버팀목으로서의 역할을 신발이 해준다고 믿었던 것이다.

아버지의 신발이 아버지 부재중에도 주춧돌 위에서 건재한 것을 보고 자란 시인이 남편출장 중에도 현관을 지키고 가족과 집안을 지키는 신발로서의 보호자 의미를 내림으로 닮고 있다는 것이다. 외부 침입자로부터 가족을 지켜주는 신발의 내림은 어머니를 이어 시인에게 내려오는 믿음과 사랑, 부재이지만 임재하는 시적인 관습은 오히려 행복한 분위기를 확산시키고 있다.

아버지의 신발 = 아버지 → 가족지킴이 상징, 남편의 신발 = 남편 → 가족지킴이 상징은 내림의 확신이며 섬기고 사랑하는 마음의 표현이며 전래적인 우리들의 원시신앙과 같은 것이다.

세대가 흐를수록 이와 같은 내림의 생활 관습화가 잊혀져 가는 때에 시인의 풋풋한 감수성과 추억 속의 사랑이 아름답게 시로써 표현된 것이다.

고무신은
언제나
터지고 삭아 있었다

마루 밑 깊숙이 숨겼다가
혼이 나기도 한
그, 고무신
어릴 적에는
부끄러웠다

그때
나는
왜 일곱 살 밖에 안되었을까

돌아오질 않을
시간인줄 알면서도
용서받고 싶은

아버지
아직도
부재중 맞지요?

- 「부재중 맞지요」 전문

한 시대의 역사와 추억이 담긴 「부재중 맞지요」는 고무신을 매개로한 아버지의 부재와 슬픔을 걷고 낮은 목소리로 아버지를 그리워하는 시인의 사랑을 느낄 수 있는 시이다.

시치미를 떼고 습관적 언어행위를 방해함으로써 사물의 구체성을 드러내고 있는 것이다. 시에 있어서 시치미

떼는 방식은 여백 남기기와 돌려서 말하기의 두 가지 방식이 있다. 극적 상황에 대한 설명을 극도로 생략하고 많은 부분을 여백으로 처리하여 "아버지/ 아직도/ 부재중 맞지요?"하며 가난한 시절의 삭고 터진 고무신이 부끄러웠던 철없던 시절의 그때를 "나는/ 왜 일곱 살 밖에 안 되었을까"

돌려서 말하고 있다. 철없던 일곱 살의 추억 속에 아버지를 그리워하는 절절함이 지적 긴장과 생략을 통하여 극명하게 묘사되고 있다.

앞 코가 널널한
검정 고무신
동생에게서 언니에게로
릴레이 하였네

헐레벌떡 뛰어 다니다가
아침 일찍 일어난
내 발과 랑데뷰 하면
신났던 등굣길

언니 발에도
동생 발에도
어정쩡한 크기는
먼저 신으면 언제나
주인의 칫수

닮기도 잘 닮아
비라도 내릴 때면
장마처럼 물난리를 겪던
내 발은 퉁퉁 불어
행여나 벗어져서 떠나려 갈까 봐
인장처럼 섬겼던
검정 고무신

-「검정 고무신」 전문

가난과 우애, 검소함을 내포하고 있는 「검정 고무신」은 형제애를 나타내는 시이다. 동생과 언니가 어정쩡한 크기로 함께 신었던 고무신은 먼저 신는 사람이 그날의 주인이라는 유머와 위트는 동심의 해맑은 이야기가 깔린 동화 같은 시이다.

도마 위에서
시작하는 율동

오늘은
무슨 춤을 출까

고전을 출까
탱고를 출까
디스코를 출까

그래, 고전으로
무대를 준비하자

구수한 된장국으로
땡초를 두드리며
후후 맛있게 부는
청명한 아침

-「밥상 일기」 전문

먹거리의 시화는 여성시인들이 가끔 발표하는 시편이다. 묵은 김치 독을 부시다가 그것들이 탄식하는 소리를 들었다는 부제가 붙은 홍윤숙의 「묵은 김치사설」과 같은 시에 담긴 음식은 시 전문계간지 「시인세계」의 2012년 봄호의 기획특집이다.

여성의 손으로 이루어진 독특한 먹거리와 음식 맛은 체험시편들이다. 남성 시인이라고 음식을 시화시킬 수 없는 것은 아니지만 자신의 몸으로 녹아든 체험이야말로 진정성을 가진 묘사이다.

황예순 시인의 「밥상의 일기」는 행복한 분위기와 경쾌한 리듬이 동반되는 희망의 아침으로 출발한다. 음식 만들기의 행동을 "도마 위에서/ 시작하는 율동"으로 즐거움을 반추한다. 행복한 시작이다. 그러면서도 시적화자는 무슨 음식을 요리할 것인가 고민한다. 고민의 속도는 즐겁고 빠르다.

"오늘은/ 무슨 춤을 출까"다 요리하는 요리사는 춤을 추면서 가벼운 요리의 무대로 오른다. "고전을 출까/ 탱고를 출까/ 디스코를 출까" 메뉴는 다양하다. 메뉴는 춤의 선택으로 이루어진다.

시가 매우 재미있다. 고전으로 준비하는 무대엔 "구수한 된장국으로/ 땡초를 두드리며"여는 청명한 아침이 있다.

흥미있고 재미있는 그러면서도 즐거움이 넘치는 시다. 일찍이 시가 순수하게 재미로움으로 읽힌 적이 있었던가. 힐난과 조롱, 가난과 결핍 속에 저항과 못마땅함의 계곡을 넘어 분노의 산에 오르는 처절한 이 땅의 시인들을 생각할 때 황예순 시인의 시는 재미있게 평화와 행복의 여운이 시를 더욱 격조 있게 만들고 있다.

주부의 일이 춤으로 표현되는 품격으로서의 역할과 사명의 본질이 극명하게 나타나게 되는 것이다.

"천 세 송이 장미꽃은
당신이 있어
천사가 되었네"

"하늘나라 어느 별에서
내 곁으로 왔을까"

향기로운 꽃으로
단
하루만이라도

천사를 만나고 싶었던
당신 앞에서

불후의 명곡처럼 부른
"장미 한 송이
얼마이던가요?"

-「생일날」 전문

생일날 남편으로부터 받아든 장미 1003 송이의 감격을 "장미 한 송이/ 얼마이던가요?"라는 경제적 논리의 절제로 응대하면서 시의 큰 틀을 흔들어 놓고 있다. 천 세 송이의 장미꽃에 위트가 번뜩이는 시이다.

시가 어떻게 절대고독이며 절대사랑이라고 말하랴. 천사를 만나고 싶어 장미 1003 송이에 그대를 합하여 1004를 만들어 놓은 유머의 대상을 통하여 「생일날」은 깊고 깊은 사랑과 현대적인 감각으로 창조해 가는 신사랑법의 절정을 느끼게 해준다.

이와 같은 유머감각의 시는 젊은 독자의 마음에 와 닿고 시를 읽고 싶어하는 독자들의 폭을 넓혀갈 것이다.

아침이면
접히지 않는 우산처럼
뻣뻣한 손가락

스프링처럼 유연하던
시절
엊그제 인데

허리 한번 굽히기가
해마다
어려워져

겸손을, 합장으로
배우는
절간에 간다

-「절간에 간다」 전문

나이 들어가면서 뻣뻣하게 굳어가는 자신의 육체를 인식하면서 젊은 시절에 유연하게 스프링처럼 자유롭던 몸을 아쉬워한다. 그러나 시적화자의 아쉬움 혹은 서러움은 육체의 한계에 머물지 않는다. 허리 한번 굽히기가 해마다 어려워져 "겸손을, 합장으로/ 배우는/ 절간에 간다"는 성찰과 부처님을 만나는 불교철학으로 뻣뻣한 육체의 세계를 겸손의 정신세계로 전환시키는 시적 기교를 보이고 있다. 물처럼 담담한 시적화자의 마음가짐이 엿보인다. 불교철학에 있어 일반인의 보살행은 겸손이다. 아상我像을 버리고 낮아질 때 진정한 자신을 볼 수 있는 것이다.

황예순 시집
한 송이 꽃으로 부터

인쇄일 2012년 4월 20일
발행일 2012년 4월 27일

지은이 황 예 순
발행인 이 길 안
발행처 세종출판사

부산광역시 중구 보수동2가 72-26번지
전화 463-5898, 253-2213~5
팩스 248-4880
E-mail sjpl@chollian.net

등록 제02-01-96

ISBN 978-89-6125-593-6-03810

값 8,000원